Kinderzimmer
kreativ gestalten

urania

Susanne Helmold

Kinderzimmer kreativ gestalten

Mit Fotografien
von Markus Hertrich

6   Vorwort

8   Material und Werkzeug

12 Zimmerzelt

14 Märchenvorhänge

16 Türstopper

18 Tierkissen

20 Wattierte Bilderrahmen

22 Kissen mit Applikation

24 Stoffbezogene Kommode

26 Bettutensil

28 Bettwäsche

30 Piepmatzgarderobe

32 Spielkisten mit Holztieren

34 Bärentafel

36 Kopfende mit Ornamenten

38 Klingende Elfe

40 Stuhl mit Holzornament

42 Matrosenbilderrahmen

44 Schäfchenbeleuchtung

46 Schubladengriffe Autos

48 Elfenlampe

49 Nachttischlampe

50 Bärchenwandfries

52 Betthimmel mit Gardinen

54 Bunte Uhr

56 Raffrollo

58 Messlatte

60 Spiegelrahmen

62 Schubladengriffe Bären

Ein schmuckloser, neutraler Stil hat im Kinderzimmer keinen Platz. Bunt und phantasievoll sollen Möbel und Accessoires sein, verschwenderisch an Formen und Farben und trotzdem zweckgebunden. Im Reich für Kinder ist alles möglich und jede noch so gewagte Farbkombination hat ihre Berechtigung.

Auf den folgenden Seiten finden Sie zahlreiche Einrichtungs- und Dekorationsideen für die Zimmer kleiner Mädchen und Jungen. Verzieren Sie bereits vorhandene Einrichtungsgegenstände mit bekannten wirkungsvollen Dekorationstechniken. Nähen Sie kuschelige Kissen, märchenhafte Schlaufenvorhänge oder ein prächtiges Zimmerzelt aus hübschen Dekostoffen, oder fertigen Sie eine Kindergarderobe mit Piepmätzen, witzige Bilderrahmen oder ein buntes Klangobjekt aus Sperrholz.

Die Ideen in diesem Buch lassen sich mit einfachen Materialien und Werkzeugen mühelos realisieren. Bei vielen Modellvorschlägen können Sie auch Ihre Kinder mit in die Gestaltung der Gegenstände einbeziehen. So haben sie sicherlich Spaß am Bemalen von Laubsägearbeiten oder beim Ausstechen von Bärenformen aus Modelliermasse.

Selbstverständlich können Sie die vorgestellten Gestaltungsbeispiele je nach Geschmack abwandeln und eigene Ideen oder die Ihrer Kinder mit einarbeiten. Der Phantasie sind keine Grenzen gesetzt.

Ich wünsche Ihnen viel Spaß beim Gestalten!

Ihre Susanne Helmold

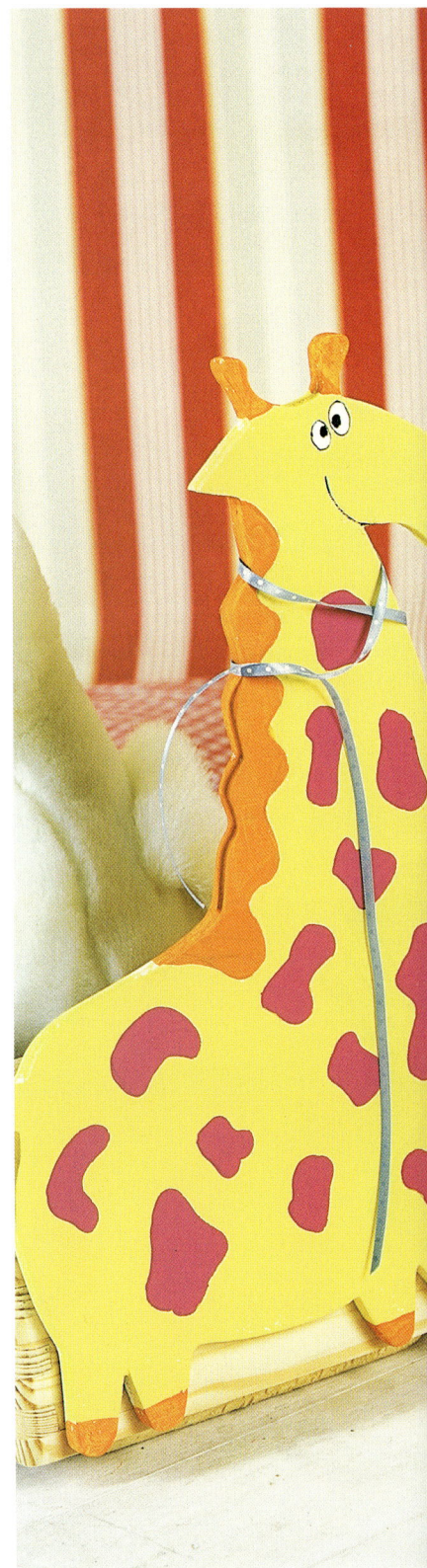

Material und Werkzeug

Wenn Sie die Materiallisten in diesem Buch durchsehen, werden Sie feststellen, dass sich viele der benötigten Dinge bereits im Haushalt befinden. Für zahlreiche Modelle werden vorhandene Accessoires verwendet, die durch eine originelle Dekoration mit gängigen Kreativtechniken zu einem individuellen Einrichtungsgegenstand werden; so lassen sich z. B. schlichte, einfarbige Lampen, Bilderrahmen, Spanschachteln, Raffrollos oder Kommoden schnell und preiswert dekorieren. Für Kissen und andere textile Gestaltungsideen genügen meist einige Stoffreste oder preisgünstige Baumwollstoffe. Manche Werkzeuge und Utensilien sind in der Küche vorhanden, andere Hilfsmittel sind vielleicht im Werkzeugkasten zu finden.

Mit folgenden Materialien und Werkzeugen besitzen Sie bereits eine gute Grundausrüstung: Schere, Stoffreste, Garn, Papier, Fotokarton, Bleistift, Lineal, Heißkleber, Holzleim, Holzbohrer, Holzschrauben, Drahtstifte, Hammer, Tacker, Schraubzwingen, Filzstifte, Transparentpapier, Kohlepapier.

Schneiden

Materialien wie Papier, Pappe oder Fotokarton lassen sich mit einer normalen Haushaltsschere oder – auf einer schnittfesten Unterlage – mit dem Cutter schneiden. Zum Schneiden von Stoffen oder Bändern sollten Sie sich am besten eine zweite Schere zulegen, die Sie ausschließlich für Stoff verwenden. Schneiden Sie Papier nie mit Ihrer Stoffschere, sie wird dadurch stumpf. Zum Zuschneiden von Stoff ist auch ein Rollschneider gut geeignet; verwenden Sie diesen immer auf einer schnittfesten Unterlage. Zum Schnitzen und Schneiden von Modelliermasse können Sie spezielle Bastelmesser benutzen, die in jedem Hobbyfachgeschäft erhältlich sind; meist genügt jedoch auch ein einfaches Küchenmesser mit scharfer Klinge.

Nähen

Die Näharbeiten in diesem Buch realisieren Sie am besten an einer Nähmaschine. Besondere Zier- oder Stickprogramme sind nicht erforderlich, Applikationen werden mit dem Zickzackstich aufgenäht.

Farben

Die Bemalung spielt bei der Gestaltung vieler Modelle eine ganz wichtige Rolle. Durch sie erhält die Bastelarbeit ihren letzten „Pfiff". Für die Laubsägearbeiten in diesem Buch wurden ausschließlich Acrylfarben auf Wasserbasis verwendet. Auch Möbel, wie Stühle, Kommoden oder Bettrahmen, sollten am besten mit Acrylfarben angestrichen werden, so erhalten sie eine widerstandsfähige Oberfläche. Acrylfarben – Kunstharzfarben auf Wasserbasis – werden in Hobbyfachgeschäften matt oder glänzend in vielen verschiedenen Tönen angeboten. Sie trocknen innerhalb kurzer Zeit, sind wischfest und witterungsbeständig. Verdünnen Sie sie mit Wasser, können Sie interessante lasierte Oberflächen erzielen. Auf Buntlacke sollten Sie im Kinderzimmer verzichten.

Für die Bemalung von Wänden und Tapeten eignet sich Plakafarbe. Diese wird auf der Grundlage von Kasein, einem Naturprodukt, hergestellt. Für feine Linien verwenden Sie am besten Bunt- oder Filzstifte.

Acryl- und Plakafarben werden am besten mit Haarpinseln aufgetragen; die Stärke hängt von der Größe der zu bemalenden Fläche bzw. der Dicke der Linien ab. Da gute Pinsel recht teuer sind, sollten sie nach Gebrauch sorgfältig unter fließendem Wasser gereinigt werden und mit nach oben gerichteten Pinselhaaren trocknen.

Für die Bemalung von Textilien bietet der Fachhandel Textilmalfarben sowie Textilmalstifte an. Diese sind in der Handhabung besonders einfach und trocknen innerhalb weniger Stunden. Je nach Hersteller sind die Farben nach wenigen Tagen waschfest oder müssen zusätzlich mit dem heißen Bügeleisen fixiert werden. Waschen Sie die Textilien

vor dem Bemalen, damit die Appretur entfernt wird.

Dekostoffe

Im Kinderzimmer tragen textile Accessoires zu einer gemütlichen Atmosphäre bei: Kissen, wattierte Bilderrahmen oder phantasievolle Fenstervorhänge sorgen im Kinderreich für Akzente.

Um ein originelles und individuelles Interieur zu gestalten bedarf es keiner besonderen Nähkünste. Häufig lässt sich ein Kinderzimmer schon mit einfachen Textilideen und -kombinationen attraktiv einrichten. Die Modelle in diesem Buch sind überwiegend aus reinen Baumwollstoffen genäht.

Dieses Material eignet sich bestens für den Kinderzimmerbereich, da es meist sehr strapazierfähig ist. Achten Sie beim Stoffkauf darauf, dass das Material bezüglich Verarbeitung und Stärke für Ihren Bedarf geeignet und strapazierfähig genug ist. Vor jeder Verarbeitung sollten Sie den Stoff unbedingt waschen, da reine Baumwollstoffe um bis zu 10 Prozent einlaufen können (dies bitte auch beim Stoffkauf berücksichtigen). Einfarbige oder bedruckte Baumwollstoffe sind in vielen Farben oder Mustern günstig in Fachgeschäften oder Warenhäusern erhältlich.

Möbel und Accessoires

Schlichte Accessoires können mit Acrylfarbe oder farbenfrohen Stoffen in ansprechende, individuelle Einrichtungsgegenstände verwandelt werden. Sicherlich finden sich auch in Ihrem Haushalt unbehandelte Holzkisten, Spanschachteln oder Bilderrahmen aus Holz, die mit einer neuen Oberflächengestaltung farbenfrohe Akzente im Kinderzimmer setzen. Auch alte schlichte Spiegelrahmen, Kommoden oder Regale lassen sich durch dekorative Applikationen farbenfroh umgestalten.

Sperrholzarbeiten

Sperrholz besteht aus dünn aufeinander geleimten Holzschichten und ist in verschiedenen Stärken und Holzarten in Baumärkten erhältlich. Fragen Sie im Baumarkt oder auch beim Tischler nach kostenlosen Resten. Rundstäbe aus Hartholz (Buche) oder aus Weichholz (Fichte, Kiefer) finden Sie sowohl in Baumärkten wie im Hobbyfachhandel. Massivholz aus Fichte oder Kiefer wird in Baumärkten in Form von Leimholzplatten in Standardgrößen angeboten. Als Leimholz werden Holzbretter bezeichnet, die aus vielen Massivholzleisten zusammengeleimt sind.

Für die Sperrholzarbeiten in diesem Buch benötigen Sie eine Laubsäge, die durch ihren langen Bügel besonders für kurvenreiche Schnitte geeignet ist. Sie hat ein dünnes austauschbares Sägeblatt, das in den Bügel eingespannt und mit zwei Flügelmuttern fixiert wird. Das Sperrholz wird vor Beginn der Arbeit mit einer kleinen Schraubzwinge an einem stabilen Tisch befestigt. Führen Sie dann die Säge im rechten Winkel in gleichmäßigen Bewegungen auf und ab. Benutzen Sie stets scharfe Sägeblätter.

Um Verletzungen durch abstehende Splitter zu vermeiden, werden die sägerauen Kanten anschließend mit feinem Schleifpapier geglättet. Wickeln Sie das Schleifpapier dazu um einen Schleifklotz aus Kork und schleifen Sie die Holzfasern immer nur in eine Richtung. Alternativ können Sie auch feine Holzfeilen verwenden. Führen Sie die Feile dabei nie gegen die Holzmaserung, da sonst einzelne Späne ausreißen und Verletzungen herbeiführen können.

Haben Sie bereits Erfahrung mit Laubsägearbeiten, lohnt sich vielleicht die Anschaffung einer Dekupiersäge. Diese wird elektrisch betrieben und eignet sich besonders für kurvenreiche oder sehr kleine Motive. Je nach Ausstattung und Leistung der Säge lässt sich Sperr- oder Massivholz bis zu einer Stärke von 5 cm bearbeiten. Die Holzplatte

sollte dabei immer mit beiden Händen unter leichtem Druck auf den Sägetisch gedrückt werden, um ein Ausschlagen zu verhindern.

Wenn Sie im Umgang mit Holz und Säge nicht sicher sind, fragen Sie einfach bei Ihrem Tischler an, sicherlich kann er Ihnen bei Ihrem Projekt behilflich sein.

Serviettentechnik

Sie müssen kein Maltalent sein, um Accessoires mit dekorativen Motiven zu gestalten. Zellstoffservietten werden heute in fast allen erdenklichen Motiven und Mustern angeboten, und mit einem speziellen Lack (Transferlack) können Sie diese auf fast jede Oberfläche aufbringen. Zunächst grundieren Sie das zu dekorierende Objekt mit einer hellen Farbe – am besten verwenden Sie weiße Acrylfarbe – und lassen den Anstrich gut trocknen. Den Trocknungsprozess von 30 bis 40 Minuten können Sie mit einem Haarfön stark beschleunigen.

Nun schneiden Sie das gewünschte Motiv aus der Serviette aus und entfernen vorsichtig die beiden untersten Papierlagen. Alternativ können Sie die Motive auch vorsichtig aus der Serviette reißen.

Dann grundieren Sie die entsprechende Stelle auf dem Objekt mit Transferlack. Legen Sie das Motiv auf den feuchten Transferlack und drücken Sie es vorsichtig auf den Untergrund.

Das Papier wird mit einem weichen Pinsel oder den Fingerspitzen von innen nach außen behutsam ausgestrichen. Nach einer Trocknungszeit von ca. 30 Minuten überstreichen Sie das Motiv noch einmal mit Transferlack und lassen es wiederum gut trocknen. So ist es vor Verschmutzungen geschützt.

Modelliermasse

Die Anwendungsmöglichkeiten für Modelliermasse im dekorativen Bereich sind schier unendlich. Das Material ist einfach in Handhabung und Verarbeitung und eignet sich bestens für die Herstellung farbenfroher Accessoires. Farbige Modelliermasse (Fimo) wird in Hobbyfachgeschäften angeboten, alle erhältlichen Farbtöne sind untereinander mischbar. Sie eignet sich jedoch nur zum Gebrauch für Kinder ab 8 Jahren, bitte informieren Sie sich vorher über die Sicherheitshinweise. Nach der Aushärtung sind die gefertigten Objekte für Kinderhände geeignet. Die Aushärtungszeit im Backofen beträgt 30 Minuten und sollte nicht überschritten werden, da sonst schädliche Gase entstehen. Um Überhitzungen zu vermeiden (benötigte Temperatur bitte den Herstellerangaben entnehmen), kontrollieren Sie die tatsächliche Ofentemperatur am besten mit einem Backofenthermometer. Bringen Sie Kinder unter 8 Jahren sowie

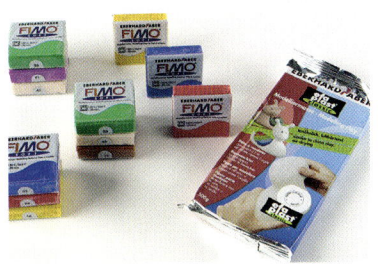

Haustiere nicht mit dem Material in Berührung und reinigen Sie nach der Fertigstellung der Modelle den Arbeitsplatz gründlich.

Eine Alternative bieten lufttrocknende Modelliermassen, die ebenfalls im Hobbyfachhandel erhältlich sind. Je nach Hersteller unterscheiden sie sich in Verarbeitung, Trocknungszeit und Trockengewicht. Für die Modelle in diesem Buch wurde eine extraleichte Modelliermasse verwendet. Diese lässt sich mit einem Nudelholz dünn ausrollen und mit dem Messer oder Modellierhölzern problemlos verarbeiten. Nach dem Trocknen kann das Modell mit der Feile geglättet und bemalt werden.

Füllmaterialien

Für das Füllen von Stofffiguren eignet sich Füllwatte; sie wird in Hobbyfachgeschäften angeboten.

Für die erforderliche Standfestigkeit von Figuren verwenden Sie am besten Vogelsand. Dieser ist in Supermärkten oder Tierfachhandlungen erhältlich.

Vorlagen übertragen

Die Vorlagen auf dem Vorlagenbogen sind in Originalgröße abgebildet und können direkt übertragen werden. Die für einige Modelle erstellten Skizzen – ebenfalls auf dem Vorlagenbogen zu finden – sind mit Maßangaben versehen; die Formen werden den Maßen entsprechend aus dem benötigten Material zugeschnitten.

Zum Übertragen der Vorlagen vom Vorlagenbogen auf das jeweilige Material (z. B. Papier oder Holz) benötigen Sie Transparentpapier, Kohlepapier, Kreppband und einen Bleistift. Legen Sie zunächst das Transparentpapier auf den Vorlagenbogen und zeichnen Sie die Konturen des Motivs mit dem Bleistift nach. Anschließend das Kohlepapier mit der schwarzen Seite nach unten auf das Papier oder die Holzplatte legen. Das Transparentpapier auf das Kohlepapier legen und beides mit Kreppband auf dem Untergrund befestigen, so kann es nicht verrutschen. Dann ziehen Sie die Motivkonturen mit dem Bleistift nach.

Wird mit Stoff gearbeitet, sollte die Vorlage zuerst auf Fotokarton übertragen und das Motiv mit der Schere oder dem Cutter aus dem Karton ausgeschnitten werden. Danach wird die entstandene Schablone auf den Stoff gelegt und mit einem Stift oder mit Schneiderkreide umfahren. Eine Schablone zu fertigen empfiehlt sich auch, wenn Sie ein Modell mehr als einmal nacharbeiten möchten.

Zimmerzelt

■ **Material**

Seiden-/Zeitungspapier
Maßband
Bleistift
Schere
Baumwollstoff gestreift
    (Dach; 160 x 80 cm)
2 x Baumwollstoff gestreift
    (Vorderseiten; je 170 x 80 cm)
Baumwollstoff rot
    (160 x 100 cm)
Schneiderkreide
Rollschneider und
    schnittfeste Unterlage
Nähgarn rot
Klettband zum Aufkleben
Vlieseline H200 (60 x 30 cm)
Dekoband rot (4 cm breit)
Rundstab (Fichte; ø 2 cm)
Fuchsschwanz
Gehrungslade
2 Kleiderstangenhalter
passende Schrauben
Bohrmaschine und Steinbohrer
Akkuschrauber/Schraubenzieher
Metallöse (ø 1,5 cm)
Kordel rot
Ringschraube/Schraubhaken

Stellen Sie gemäß den Form- und Maßangaben der Skizze die Schnittteile aus Seiden- oder Zeitungspapier her und übertragen Sie die Formen auf den Baumwollstoff. Schneiden Sie die beiden Vorderteile an den Oberseiten mit einer Nahtzugabe von 8 cm zu, an den übrigen Seiten genügt eine Zugabe von 2 cm. Die Zackenleiste wird am Stoffbruch doppelt gelegt zugeschnitten, an der offenen Seite 2 cm Nahtzugabe dazurechnen. Das Dach ebenfalls mit einer Zugabe von 2 cm zuschneiden. Legen Sie den Stoff für die Zackenleiste rechts auf rechts doppelt und nähen Sie ihn entlang dem Rand zusammen. Den Saum an den Spitzen bis knapp an die Naht einschneiden. Danach die Naht auseinander bügeln und den Zackenbesatz auf rechts wenden.

Den Zackenbesatz bündig auf die längste Seite des Dreiecks legen – rechts auf rechts – und die beiden Teile am Rand zusammensteppen. Dann die zwei übrigen Dreieckseiten umsäumen. Entlang der längsten Dreieckkante an der Innenseite Klettband aufkleben, hier werden später die Zeltvorderteile angeheftet.

Umsäumen Sie nun die seitlichen und unteren Kanten der Vorderteile. An den Oberkanten den Stoff jeweils 4 cm breit einschlagen und absteppen, hier wird später der Holzrundstab eingezogen. Entlang dem Tunnelsaum Klettband anbringen. Anschließend markieren Sie die Fensteröffnungen mit Schneiderkreide und schneiden sie aus. Bügeln Sie auf die Innenseite der Fensterrahmen Vlieselinestreifen auf, so wird verhindert, dass der Stoff ausfranst. Die Fensterausschnitte werden mit rotem Dekoband eingefasst. Schneiden Sie dazu die Dekobandstücke etwas länger zu als benötigt und schlagen Sie die Enden knappkantig um. Dann nähen Sie die Bänder bündig rund um die Fensteröffnungen auf.

Für die Rollos den roten Stoff mit einer Zugabe von 3 cm zuschneiden und die Kanten doppelt nach innen umnähen. Für jedes Rollo werden außerdem vier 30 cm lange Dekobandstücke zugeschnitten. Die Rollos passend an die Oberkante der Fensteröffnungen nähen, dabei jeweils an der Innen- und Außenseite der Fenster zwei Dekobandstücke mit einnähen. Die Dekobänder werden an den Enden umsäumt, damit sie nicht ausfransen. Wenn die Fenster geöffnet sein sollen, binden Sie jeweils zwei Dekobänder unterhalb des aufgerollten Rollos zu einer Schleife.

Sägen Sie den Holzrundstab in einer Länge von 1,55 m auf Gehrung zu und stecken Sie ihn in den Tunnelzug. An den entsprechenden Wänden jeweils einen Kleiderstangenhalter anbringen und die Enden des Rundstabs daran fixieren. Mit den Klettbandstreifen das Dach und das Vorderteil verbinden. Eine Öse an der Dachspitze anbringen und ein Kordelstück durchziehen. Zuletzt befestigen Sie eine Ringschraube oder einen Schraubhaken als Halterung an der Wand und binden das freie Kordelende so daran fest, dass die Dachspitze aufragt.

Märchenvorhänge

Material

Seiden-/Zeitungspapier
Maßband
Bleistift
Schere
2 x Baumwollstoff fliederfarben
    (je 140 x 80 cm)
2 x Baumwollstoff gelb
    (je 80 x 60 cm)
2 x Baumwollstoff blau-weiß
    gestreift (je 140 x 100 cm)
2 x Baumwollstoff gelb-weiß
    kariert (je 30 x 20 cm)
2 x Baumwollstoff gelb-weiß
    kariert (je 30 x 20 cm)
Schneiderkreide
2 x Vlieseline H200
    (je 210 x 90 cm)
Transparentpapier
Kohlepapier
Fotokarton
Haftvlies (30 x 20 cm)
Nähgarn fliederfarben, gelb, blau
6 silberfarbene Glöckchen

Diese märchenhaften Schlaufen-vorhänge laden zum Träumen ein. Aus farblich aufeinander abgestimmten Baumwollstoffen gefertigt, sind sie ein hübscher Blickfang.

Zunächst entsprechend den Form- und Maßangaben der Skizze die Schnittteile aus Seiden- oder Zeitungspapier herstellen und die Formen auf den Baumwollstoff übertragen. Die Stoffteile werden mit einer Nahtzugabe von 2 cm ausge-schnitten. Die Schlaufen jeweils in den Maßen 30 x 16 cm zu-schneiden (zuzüglich einer Nahtzugabe von 2 cm an allen Seiten).
Anschließend wird auf die flie-derfarbenen Mittelteile und die gezackten Stoffteile zur Verstär-kung Vlieseline aufgebügelt. Die Vorlagen für die Sterne übertragen Sie auf Fotokarton (siehe S. 11) und schneiden sie aus. Übertragen Sie die Formen auf den gelb-weiß karierten Stoff – den größeren Stern zweimal, den kleineren dreimal – und bügeln Sie das Haftvlies auf die Rückseite des Stoffes auf. Die Sterne ausschneiden und die Trägerfolie vom Haft-vlies entfernen. Dann die Sterne auf die fliederfarbenen Stoff-teile bügeln und die Kanten mit Zickzackstich in Gelb umnähen.

Jeweils das fliederfarbene Mittelstück und das Zackenteil rechts auf rechts aufeinander legen und entlang dem Rand zusammensteppen. Die Naht auseinander bügeln und die Ränder links und rechts neben der Naht knappkantig auf-nähen. Das gelbe Dreieck für den oberen Abschluss mit nach innen geschlagenen Kanten auf das Mittelteil nähen. Danach alle Stoff-kanten umsäumen.
Nun legen Sie die Streifen für die Schlaufen jeweils der Län-ge nach rechts auf rechts dop-pelt und nähen sie entlang den Längskanten zusammen. Die Nähte auseinander bügeln und die Schlaufen wenden. Dann bügeln Sie die Schmal-seiten der Schlaufen 1 cm breit nach innen und steppen den Saum ab. Die Schlaufen 2 cm unterhalb der oberen Kante an die Vorhänge nähen. Zum Schluss nähen Sie an die äußeren Vorhangspitzen sowie an die unteren Spitzen der Dreiecke jeweils ein Glöck-chen.

Türstopper

■ Material

Transparentpapier
Bleistift
Kohlepapier
Fotokarton
Schere
Baumwollstoff weiß
   (70 x 70 cm)
Baumwollstoffrest gemustert
   (30 x 4 cm)
Schneiderkreide
Maßband
Vlieseline H200 (70 x 70 cm)
Nähgarn weiß
Trichter
Vogelsand
Füllwatte
Nähnadel
Acrylfarbe weiß, rosa, gelb,
   bordeauxrot, türkis, schwarz
Borstenpinsel
Haarpinsel
Acrylspray transparent
Atemschutzmaske

Klein, bunt und ein Schwergewicht: Diese Katze fungiert als wirksamer Türstopper. Sie ist im unteren Drittel mit Vogelsand, im Kopf- und Schulterbereich mit Füllwatte ausgefüllt. Übertragen Sie die Vorlagen zunächst auf Fotokarton (siehe S. 11) und schneiden Sie sie aus. Danach werden die Formen mithilfe der Schablonen auf den Stoff übertragen; die Katzen- und Schwanzform benötigen Sie jeweils zweimal. Die Formen mit einer Nahtzugabe von 1,5 cm zuschneiden und zur Verstärkung Vlieseline aufbügeln.

Nun die Stoffteile für den Katzenkörper rechts auf rechts aufeinander legen und zusammennähen. Dabei an einer Seite von der Unterkante ausgehend eine 15 cm breite Öffnung stehen lassen, die Unterkante bleibt ebenfalls geöffnet. Den Saum an den Rundungen etwas einschneiden. Anschließend wird das Bodenteil eingenäht. Die Nähte auseinander bügeln und das Teil auf rechts wenden. Den Kopf und den Schulterbereich mit Füllwatte ausstopfen, danach mit einem Trichter Vogelsand einfüllen.

Den unteren Fußbereich wieder mit Watte füllen und die verbliebene Öffnung von Hand zunähen. Die Schwanzteile rechts auf rechts legen und bis auf die Unterkante zusammennähen. Den Saum an den Rundungen etwas einschneiden, die Naht auseinander bügeln und das Teil wenden. Den Schwanz mit Füllwatte ausstopfen und die untere Öffnung verschließen. Katzenkörper und Schwanz mit einigen Stichen zusammennähen. Jetzt bemalen Sie die Katze mit Acrylfarbe. Für die breiten Streifen die Acrylfarbe leicht mit Wasser verdünnen und einen Borstenpinsel benutzen, die dünnen Linien mit einem Haarpinsel aufbringen. Nach dem Trocknen wird die Oberfläche zum Schutz vor Verschmutzung an einem gut belüfteten Ort mit transparentem Acrylspray besprüht. Achtung: Tragen Sie beim Sprühen unbedingt eine Atemschutzmaske, da das Einatmen des Sprühnebels zu Gesundheitsschädigungen führen kann. Nach dem Trocknen wird der Katze der Stoffrest als Halstuch umgebunden.

Tierkissen

■ Material

Transparentpapier
Bleistift
Kohlepapier
Fotokarton
Schere
Baumwollstoff weiß-blau kariert
   (80 x 50 cm)
Baumwollstoff weiß-gelb kariert
   (80 x 50 cm)
Baumwollstoff weiß-rosa kariert
   (80 x 50 cm)
Baumwollstoffreste unter-
   schiedlich gemustert
   für die Applikationen
Schneiderkreide
Maßband
3 x Vlieseline H200
   (je 80 x 50 cm)
Haftvlies (40 x 20 cm)
Nähgarn weiß, passend
   zu den Stoffresten
Füllwatte
Nähnadel

Eine Gans, eine Katze und ein Schaf waren die Vorbilder für diese „tierischen" Kissen. Die einfachen Formen aus karierten Baumwollstoffen sind schnell zu nähen.
Übertragen Sie die Vorlagen zunächst auf Fotokarton (siehe S. 11) und schneiden Sie sie aus. Danach werden die Formen mithilfe der Schablonen auf den Stoff übertragen; alle Tierformen benötigen Sie zweimal.

Die Tiere mit einer Nahtzugabe von 1,5 cm zuschneiden und zur Verstärkung Vlieseline aufbügeln. Die zu applizierenden Formen ebenfalls je zweimal auf die Stoffreste übertragen und an der entsprechenden Stelle Haftvlies aufbügeln. Diese Formen werden ohne Nahtzugabe zugeschnitten.
Die Trägerfolie vom Haftvlies entfernen. Bügeln Sie die Applikationen auf die Tierformen (Vorder- und Rückseite der Tiere) und umnähen Sie die Kanten mit Zickzackstich.
Dann jeweils das Vorder- und Rückenteil der Tiere rechts auf rechts legen und bis auf eine Öffnung von 10 cm zusammennähen. Den Saum an den Rundungen etwas einschneiden. Die Nähte auseinander bügeln und die Teile wenden. Nun stopfen Sie die Kissen so mit Füllwatte aus, dass sie prall gefüllt sind. Die verbliebenen Öffnungen mit einigen Stichen von Hand verschließen. Die Halsbänder für die Tiere können aus den übrigen Baumwollstoffen gefertigt werden, alternativ können Sie Dekobänder verwenden.
Die Kissen sind in der Waschmaschine im Schonwaschgang bei 30 °C waschbar. Während des Trocknens einige Male aufschütteln.

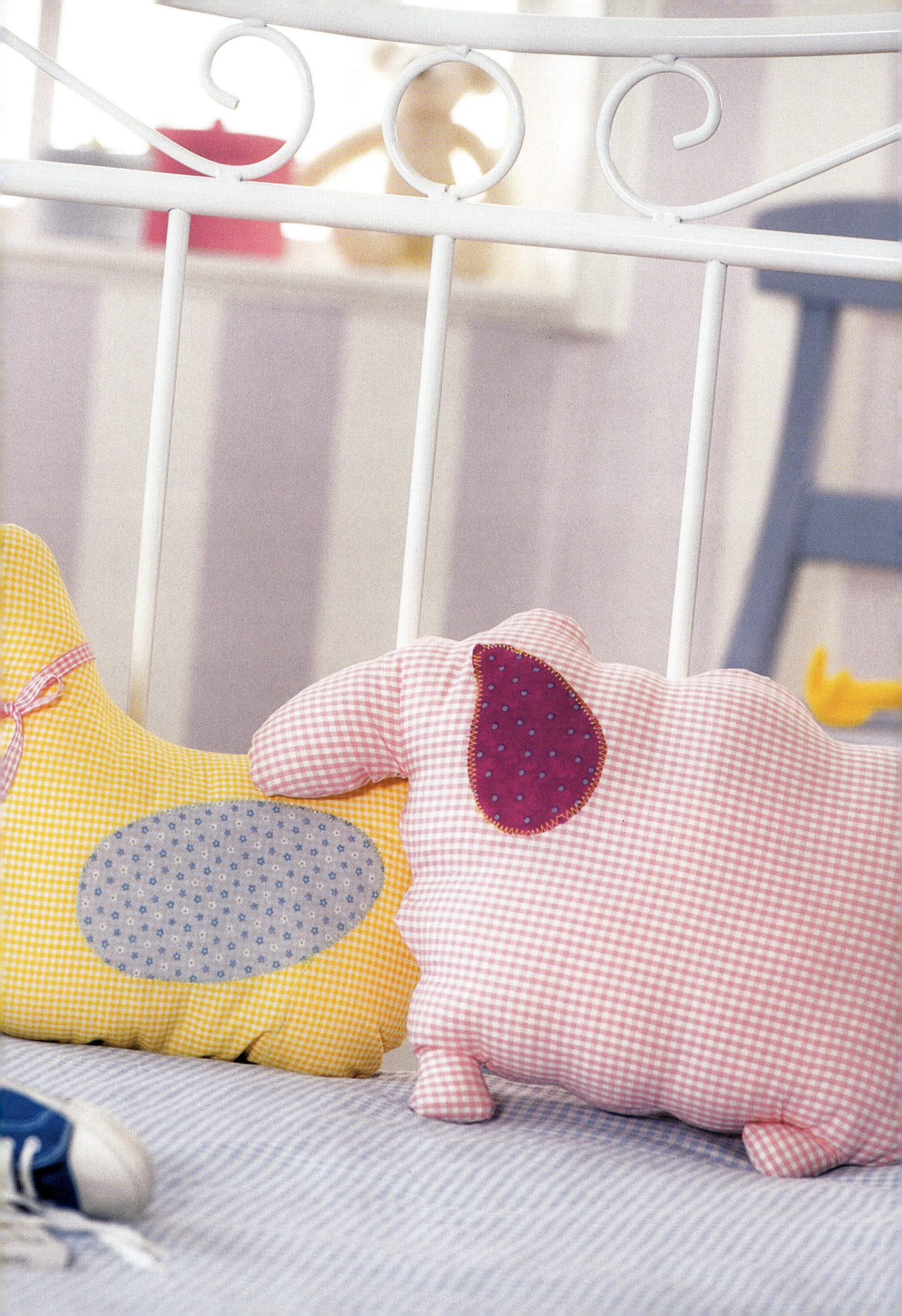

Wattierte Bilderrahmen

■ Material

Holzbilderrahmen
Volumenvlies
   (in passender Größe)
Schneiderkreide
Schere
Tacker
Baumwollstoff gemustert
   (in passender Größe)
Vlieseline H200
   (in passender Größe)
Dekoband
Textilkleber
Reißzwecken/Gewebeband

Für diese Dekoidee brauchen Sie nicht viel: Mit Volumenvlies und gemusterten Baumwollstoffen können Sie schlichte Holzrahmen apart einfassen. Die Rückwand vom Rahmen entfernen. Dann schneiden Sie das Volumenvlies etwas mehr als rahmenbreit zu. Legen Sie das Vlies um den Bilderrahmen und tackern Sie es auf der Rückseite fest.

Nun die Vlieseline auf die linke Seite des Baumwollstoffs bügeln. Den wattierten Rahmen auf die aufgebügelte Vlieseline legen und den genauen Umriss sowie 4 cm Zugabe mit Schneiderkreide auf dem Stoff markieren. Die Form entlang der Zugabe ausschneiden und an den Innenecken im 45°-Winkel bis knapp an die Markierung des inneren Umrisses einschneiden. Den Stoff um den Rahmen schlagen und mit einem Tacker fixieren.

Mit Textilkleber ein Stück Dekoband auf der Innenseite des Rahmens befestigen und die Enden zu einer Schleife binden. Nach dem Einsetzen des Bildes kann die Rückwand je nach Beschaffenheit mit Reißzwecken oder Gewebeband wieder am Rahmen befestigt werden.

Kissen mit Applikation

Material

Seiden- oder Zeitungspapier
Maßband
Bleistift
Schere
Baumwollstoffe unterschiedlich gemustert (pro Kissen zwei Stoffsorten; für den Außenrahmen 90 x 70 cm, für das Mittelteil 80 x 40 cm)
Schneiderkreide
Nähgarn in passender Farbe
Baumwollstoffe mit Tiermotiven (pro Kissen zwei Motive)
Haftvlies für die Applikationen
Reißverschluss

Kuschelplätze sind ein Muss in jedem Kinderzimmer. Meist sind sie an zahlreichen Kissen zu erkennen, die sich in verschiedenen Formen und Farben auf dem Bett oder Boden auftürmen. Erlaubt ist da, was gefällt. Kombinationen aus geblümten und karierten Stoffen verbreiten Heiterkeit und eine unbeschwerte Atmosphäre.

Zunächst entsprechend den Form- und Maßangaben der Skizze die Schnittteile aus Seiden- oder Zeitungspapier herstellen und die Formen – jeweils für die Vorder- und die Rückseite – auf den Baumwollstoff übertragen. Die Stoffteile werden mit einer Nahtzugabe von 2 cm ausgeschnitten.

Nun wird die Vorderseite des Kissenbezugs gefertigt. Dazu die Stoffteile nacheinander in der entsprechenden Anordnung rechts auf rechts aufeinander legen und entlang dem Rand zusammennähen. Auf den Stoff mit den Tiermotiven an der entsprechenden Stelle Haftvlies aufbügeln und das Tiermotiv ausschneiden. Die Trägerfolie abziehen und das Motiv mittig auf die Kissenvorderseite bügeln. Die Kanten werden mit Zickzackstich umnäht.

Die Rückseite des Kissens fertigen Sie auf dieselbe Weise. Bevor Sie Vorder- und Rückteil verbinden, nähen Sie den Reißverschluss an eines der beiden Teile. Dazu zunächst die Nahtzugabe an dieser Stelle nach innen bügeln, dann den Reißverschluss von rechts knappkantig annähen. Die Nahtenden durch Übernähen sichern.

Anschließend Vorder- und Rückteil rechts auf rechts aufeinander legen und zusammennähen. Schneiden Sie den Saum an den Ecken etwas ein. Danach den Reißverschluss an der offenen Seite befestigen. Alle Nähte auseinander bügeln und den Bezug auf rechts wenden.

Zum Schluss wird das Kisseninlay eingesetzt.

Stoffbezogene Kommode

■ **Material**

Kommode
Maßband
Baumwollstoffe
   unterschiedlich gemustert
   (in passender Größe)
evtl. Vlieseline H200

Schneiderkreide
Schere
Textilkleber
Spachtel
Tacker
Nagelschere

Eine hübsche Idee fürs Kinderzimmer – die Schubladen einer schlichten Kommode werden einfach mit dekorativen Kinderzimmerstoffen überzogen. Der verwendete Stoff sollte etwas fester sein, dünne Baumwollstoffe können durch das Aufbügeln von Vlieseline verstärkt werden.

Zunächst entfernen Sie die Schubladengriffe. Danach vermessen Sie die Schubladenfronten und schneiden die Stoffrechtecke mit etwas Zugabe zu. Die Stoffzugabe sollte so bemessen sein, dass der überstehende Stoff gut nach innen in die Schublade umgeschlagen werden kann.

Nun streichen Sie die Schubladenfront sowie die Frontkanten mit einem Spachtel dünn und gleichmäßig mit Textilkleber ein und legen den Stoff faltenfrei auf. Die Stoffzugabe an allen Ecken senkrecht einschneiden und umlegen. Der Stoff wird mit der Hand angedrückt und während des Trocknens gegebenenfalls mit einigen Büchern beschwert. An den Innenseiten der Schubladen befestigen Sie die Stoffzugabe mit einem Tacker. An der Stelle für die Schubladengriffe mit einer Nagelschere einstechen und das Schraubloch ausschneiden. Nach dem Trocknen die Schubladengriffe wieder anbringen.

Bettutensil

Material

Seiden-/Zeitungspapier
Maßband
Bleistift
Schere
Baumwollstoff weiß-rot kariert
   (Wandteil; 140 x 90 cm)
Baumwollstoffe unterschiedlich
   gemustert (pro Tasche
   50 x 40 cm)
Volumenvlies (80 x 55 cm)
Nähgarn rot
Nähnadel
5 Knöpfe rot

Alles ist zum Greifen nah – das Märchenbuch zum Einschlafen oder das Lieblingsschmusetier haben in diesem Utensil genügend Platz.

Zunächst entsprechend den Form- und Maßangaben der Skizze die Schnittteile aus Seiden- oder Zeitungspapier herstellen und die Formen auf den Baumwollstoff übertragen. Schneiden Sie die Stoffteile mit einer Nahtzugabe von 2 cm zu. Das Rechteck für das Wandteil wird zweimal benötigt, die Formen für die Taschen werden ebenfalls jeweils doppelt zugeschnitten. Die Schlaufen jeweils in den Maßen 32 x 12 cm zuschneiden (zuzüglich 2 cm Nahtzugabe an allen Seiten). Anschließend wird das Volumenvlies zur Verstärkung auf die linke Seite eines der beiden Wandteile aufgebügelt. Nun beide Wandteile rechts auf rechts aufeinander legen und zusammennähen, dabei eine Öffnung von 20 cm zum Wenden stehen lassen. Die Naht bügeln und den Stoff auf rechts wenden. Die Öffnung von Hand zunähen. Steppen Sie das Stoffrechteck entlang dem Rand füßchenbreit ab. Dann legen Sie die Streifen für die Schlaufen jeweils der Länge nach rechts auf rechts doppelt und nähen sie entlang den Längskanten zusammen. Die Nähte auseinander bügeln und die Schlaufen wenden. Die Schmalseiten der Schlaufen 1 cm breit nach innen bügeln und den Saum absteppen. An jeweils einer Schmalkante wird 1 cm unterhalb des Randes ein Knopfloch eingearbeitet. Danach die Schlaufen jeweils mit der anderen Schmalseite 3 cm unterhalb der oberen Kante an das Wandteil nähen. Auf der hinteren Seite des Wandteils an den entsprechenden Stellen Knöpfe annähen.

Jeweils zwei entsprechende Stoffteile für die Taschen rechts auf rechts aufeinander legen und an drei Seiten zusammensteppen. Die Nähte bügeln, die Taschenteile wenden und die offene Seite schließen. Jeweils die linke und rechte Kante der Taschen 3 cm nach innen schlagen und mit dem heißen Bügeleisen fixieren. Der Bruch wird knappkantig abgesteppt. Jetzt bringen Sie die Taschen aneinander stoßend auf das Wandteil auf. Dazu zunächst alle Längsseiten der Taschen aufnähen. Dann die abgesteppten Bruchkanten auf die Längsseiten legen und durch Bügeln fixieren. Zum Schluss die Taschen an der unteren Kante knappkantig aufnähen.

Tipp: Sie brauchen kein romantisches Eisenbett, um dieses Utensil aufhängen zu können. Sägen Sie einfach einen Holzrundstab (ø 2 cm) in der erforderlichen Länge zu und streichen Sie ihn in der gewünschten Farbe. An zwei Schlaufen oder Ringschrauben an der Wand befestigen.

Bettwäsche

◾ Material

Seiden-/Zeitungspapier
Maßband
Bleistift
Schere
Baumwollstoff blau-weiß kariert
    (290 x 100 cm)
Baumwollstoff weiß
    (510 x 150 cm)
Schneiderkreide
Nähgarn weiß, hellblau
Wäscheknöpfe
Nähnadel
Textilmalstift violett
Bordüre hellblau (5,5 m lang)
Servietten mit bunten Motiven
Haftvlies für die Servietten-
    motive
Transferlack
Pinsel

Eine Gute-Nacht-Geschichte auf selbst genähter Bettwäsche ist eine originelle Idee für kleine Träumer. Dieser Bettbezug ist leicht zu nähen und daher auch für Näheinsteiger geeignet. Die Bettwäsche wird in den Standardmaßen 200 x 140 cm gearbeitet. Zunächst entsprechend den Form- und Maßangaben der Skizze die Schnittteile für die Vorderseite aus Seiden- oder Zeitungspapier herstellen und die Formen auf den ent-

sprechenden Baumwollstoff übertragen. Die Stoffteile werden mit einer Nahtzugabe von 2 cm zugeschnitten, an der Unterseite des Kopfkissens sowie des Deckenüberzugs jedoch jeweils 8 cm dazurechnen. Danach den weißen Stoff für die Kissenrückseite in den Maßen 90 x 84 cm (inklusive oben angegebener Nahtzugaben), die Deckenrückseite in den Maßen 210 x 144 cm zuschneiden. Nun wird die Vorderseite des Kissenbezugs gefertigt. Dazu die Stoffteile nacheinander in der entsprechenden Anordnung rechts auf rechts aufeinander legen und entlang dem Rand zusammennähen. Für die Knopfleiste jeweils an der Unterseite der Kopfkissenteile die Kante zweimal 4 cm nach innen umbügeln und knappkantig feststeppen. Die Knopfleisten an der Stepplinie nach innen umbügeln. Anschließend werden beide Kopfkissenteile rechts auf rechts aufeinander gelegt und zusammengenäht. Die Nähte auseinander bügeln und den Bezug auf rechts wenden. Der Deckenüberzug wird in derselben Weise hergestellt. Jetzt arbeiten Sie die Knopflöcher ein und nähen die Knöpfe an.

Dann schreiben Sie eine kurze – selbst erfundene oder aus einem Buch entnommene – Gute-Nacht-Geschichte mit Textilmalstift auf den weißen Stoff der Deckenvorderseite. Das Kissen kann z. B. mit dem Titel der Geschichte oder dem Namen des Kindes beschriftet werden. Auf den Rand der weißen Stoffrechtecke wird Bordüre aufgenäht, diese an den Ecken jeweils zu einer Schlaufe legen. Für die Serviettenapplikationen vorsichtig die beiden unteren Papierlagen der gewählten Motive entfernen und von links Haftvlies aufbügeln. Die Motive ausschneiden, die Trägerfolie ablösen und die Ausschnitte auf die Bettwäsche aufbügeln. Nach dem Abkühlen werden die Applikationen mit einer Schicht Transferlack versiegelt, hierbei den Lack stets von der Mitte nach außen aufstreichen, damit keine Falten entstehen. Lassen Sie den Lack einige Tage trocknen. Die Bettwäsche ist in der Waschmaschine bei 30 °C im Schonwaschgang waschbar. Anstelle der Knopfleiste können Sie auch einen Klettverschluss, einen Reißverschluss oder Bänder anbringen.

Süße Träume

Im Zauberwald

Die kleine, kleine Stadt sah sehr hübsch und gemütlich aus mit ihren gepflasterten Strassen, ihren niedrigen kleinen Häusern und ihren Gärten mit den Blumenbeeten. Jeder, der diese kleine Stadt besuchte, musste finden, dass es sich hier ruhig und behaglich leben ließ. Doch diese Stadt hatte ein sagenumworbenes Geheimnis. Sie lag am Fusse eines Zuckerhutbergs, der an einen magischen Zauberwald grenzte. In diesem Zauberwald lebten Elfen, viele kleine Kobolde und goldene Erdhörnchen. Wenn am Abend die Sonne kirschrot hinter dem Zuckerhutberg untergeht, kommen alle Bewohner aus ihren Baumhäusern. Zum Gesang der Grillen feiern sie lustige Feste und ... Doch sobald im Morgengrauen die ...

Piepmatzgarderobe

■ Material

Transparentpapier
Bleistift
Kohlepapier
Sperrholz
    (10 mm stark, 40 x 27 cm)
Laubsäge
feines Schleifpapier
Bohrmaschine
Holzbohrer (10 mm)
Holzhaken zum Einschrauben
Holzleim
Tuch
Acrylfarbe weiß, gelb, rosa,
    bordeauxrot, grün,
    hellgrün, blau, violett
Pinsel
Drahtstifte
Hammer
2 passende Schrauben zur
    Befestigung an der Wand
Steinbohrer
Akkuschrauber/
    Schraubenzieher

ist viel Platz für Hemden, T-Shirts und andere Kinderbekleidung.

Übertragen Sie die Vorlagen und die Markierungen für die Bohrlöcher auf das Sperrholz (siehe S. 11) und sägen Sie alle Teile mit der Laubsäge aus (siehe S. 9–10); die Flügelform wird viermal benötigt. Runden Sie die Kanten mit Schleifpapier ab und glätten Sie die Oberfläche.

Bohren Sie nun an den Markierungen für die Holzhaken mit dem Holzbohrer ca. 5 mm tief in das Holz. Für die Anbringung an der Wand bohren Sie zwei durchgehende Löcher. Versehen Sie dann die Holzhaken mit etwas Holzleim und schrauben Sie sie in die entsprechenden Bohrungen. Den Leim gut trocknen lassen. Nun den Schleifstaub mit einem

Tuch entfernen. Die Hakenleiste und die Vögel mit weißer Acrylfarbe grundieren und die Farbe trocknen lassen. Bevor Sie die Vögel ausmalen, sollten Sie die Details auf den Körpern mit Bleistift vorzeichnen. Dann malen Sie alle Teile der Garderobe bunt an. Die Farbe wiederum trocknen lassen, danach die Flügel mit Holzleim und Drahtstiften an der Rückseite der äußeren Vögel befestigen. Nach dem Trocknen des Leims kann die Garderobe mit zwei Schrauben an der Wand angebracht werden.

Tipp: Auch die im Handel erhältlichen Hakenleisten können Sie nachträglich mit Piepmätzen dekorieren. Einfach die Vogelformen auf Sperrholz übertragen, aussägen, bemalen und mit Holzleim und Drahtstiften auf der Leiste befestigen.

Diese bunten Vögel sorgen für Ordnung. An den farbigen Holzhaken

Spielkisten mit Holztieren

■ **Material**

Transparentpapier
Bleistift
Kohlepapier
Sperrholz (6 mm stark,
    pro Tier 48 x 29 cm)
Laubsäge
feines Schleifpapier
Tuch
Acrylfarbe weiß, gelb, orange,
    rosa, bordeauxrot,
    hellgrün, violett
Pinsel
Filzstift schwarz
Holzkisten
Holzleim
Drahtstifte
Hammer

Stofftiere, Bauklötze und anderes Spielzeug finden sich nach den großen Spielschlachten häufig weitläufig auf dem Boden des Kinderzimmers verteilt. Große Spielkisten, die sich problemlos in jedes Regal hineinstellen lassen, können da Abhilfe schaffen. Um die Kisten kenntlich zu machen, werden kunterbunte Tiere aus dem südlichen Afrika auf der Vorderseite appliziert. Übertragen Sie die Vorlagen für die Tiere auf das Sperrholz

(siehe S. 11) und sägen Sie die Formen mit der Laubsäge aus (siehe S. 9–10). Runden Sie die Kanten mit Schleifpapier ab und glätten Sie die Oberfläche. Den Schleifstaub mit einem Tuch entfernen.

Grundieren Sie die Figuren mit weißer Acrylfarbe und lassen Sie die Farbe gut trocknen. Bevor Sie die Tiere bunt anmalen, sollten Sie die Muster auf den Tierkörpern mit Bleistift vorzeichnen. Der Tiger bekommt Tigerstreifen, die Giraffe Flecken und der Elefant kann eine gemusterte Decke auf dem Rücken tragen. Dann malen Sie die Tiere mit Acrylfarbe aus und lassen die Farbe trocknen. Die feinen Konturen der Augen und Nase zeichnen Sie am besten mit dünnem schwarzem Filzstift ein. Am Schluss werden die Tiere mit Holzleim und Drahtstiften jeweils auf einer Kastenseite befestigt.

Tipp: Mit Rollen an den Kästen macht das Ordnunghalten noch mehr Spaß. Rollen gibt es im Baumarkt in unterschiedlichen Ausführungen. Sie werden einfach an die Unterseite des Kastens geschraubt.

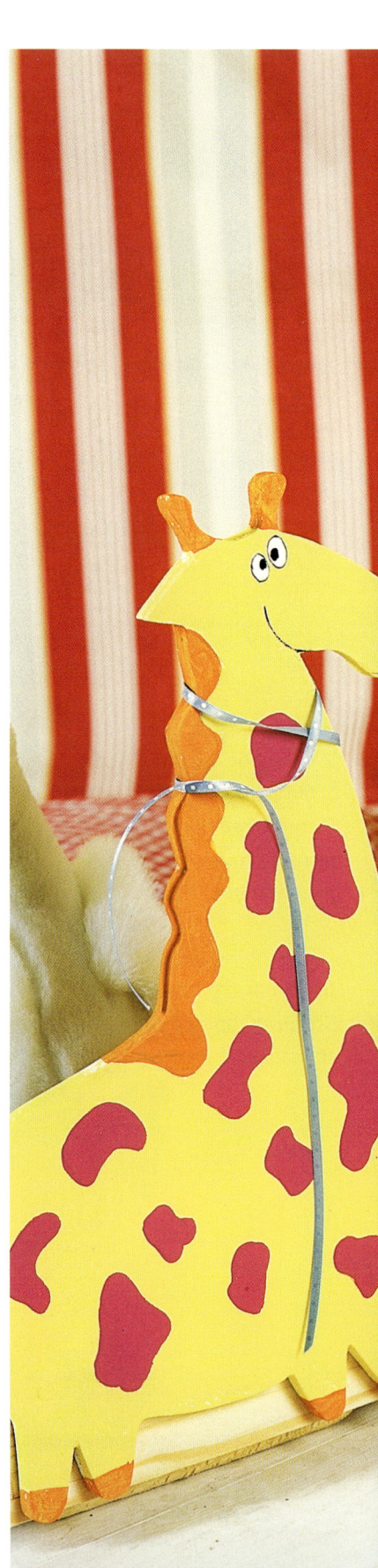

Bärentafel

■ **Material**

Transparentpapier
Bleistift
Kohlepapier
Sperrholz
   (10 mm stark, 51 x 37 cm)
Laubsäge
feines Schleifpapier
Tuch
Kreppband
Acrylfarbe weiß, beige, braun,
   schwarz, bordeauxrot, blau
Pinsel
Tafellack schwarz
Farbwanne
Schaumstoffrolle
Schwamm
Zierleiste (1,4 cm breit)
Fuchsschwanz
Gehrungslade
Holzleim

Drahtstifte
Hammer
Baumwollstoffrest gemustert
   (60 x 4 cm)
evtl. Bilderrahmenaufhänger

So macht das Schreiben Spaß:
Dieser Teddy aus Sperrholz trägt
eine Tafel, die genug Platz für
Nachrichten bietet.
Die Bärenvorlage auf das Sperr-
holz übertragen (siehe S. 11)
und den Umriss mit der Laub-
säge aussägen (siehe S. 9–10).
Runden Sie die Kanten mit
Schleifpapier ab und glätten
Sie die Oberfläche. Den Schleif-
staub mit einem Tuch entfernen.
Grundieren Sie die Figur mit
weißer Acrylfarbe und lassen Sie
die Farbe gut trocknen. Bevor
Sie den Bären bunt anmalen,

sollten Sie die Details mit Bleistift vorzeichnen. Der Bär trägt
eine Trägerlatzhose, ein gestreiftes Hemd und Turnschuhe. Der
rechteckige Ausschnitt für die
Tafel wird an der Innenseite
schmal mit Kreppband abge-
klebt. Dann malen Sie den Bären
mit Acrylfarbe aus und lassen
Sie die Farbe gut trocknen.
Den Tafellack vor dem Auftrag
gut aufrühren und etwas Farbe
in eine Farbwanne geben. Die
erste Lackschicht mit der
Schaumstoffrolle dünn aufrollen.
Nach dem Trocknen die Oberfläche mit Schleifpapier anschleifen
und den entstandenen Staub mit
einem feuchten Schwamm ab-
wischen. Tragen Sie den Tafellack
ein zweites, wenn notwendig
auch ein drittes Mal auf. Lassen
Sie jede Lackschicht gut trocknen
und schleifen Sie sie ab. Das
Kreppband entfernen.
Nun sägen Sie die Zierleiste in
den entsprechenden Maßen auf
Gehrung zu. Mit Acrylfarbe bemalen und nach dem Trocknen
mit Holzleim und Drahtstiften
auf den Tafelrand aufbringen.
Um die Holzoberfläche etwas
gealtert wirken zu lassen, können Sie die Farbe nach dem
Trocknen an den Kanten mit
Schleifpapier leicht abschleifen.
Der Stoffrest wird dem Bären
als Halstuch umgebunden. Die
Bärentafel kann einfach an die
Wand gelehnt oder aufgehängt
werden. Hierzu auf der Rückseite
zwei Bilderrahmenaufhänger
anbringen.

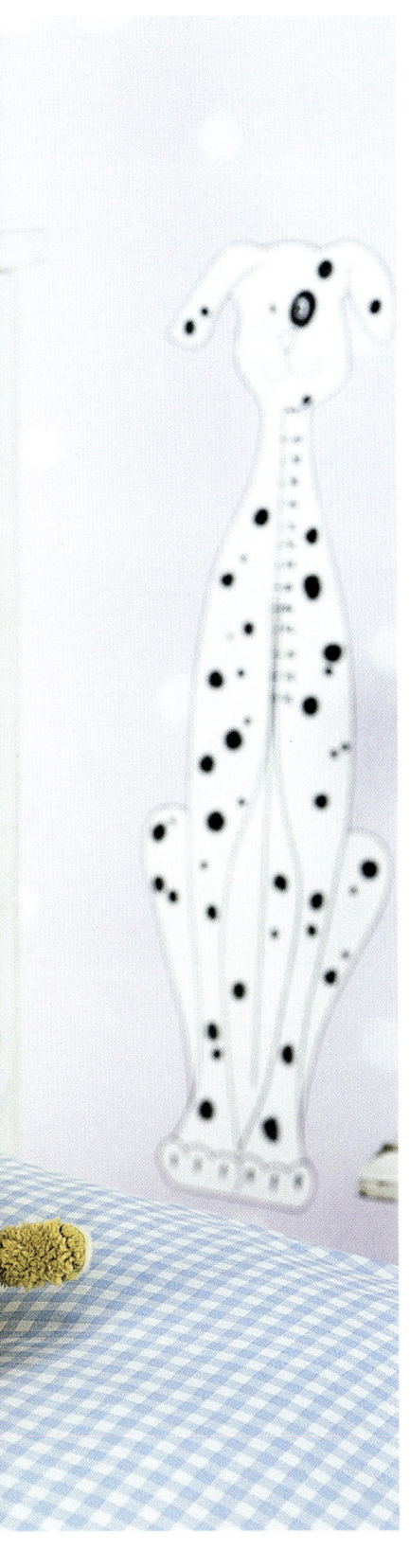

Kopfende mit Ornamenten

■ Material

Bett mit hölzernem Kopfende
feines Schleifpapier
Tuch
Holzornamente
Vorstreichfarbe
Pinsel
Acrylfarbe weiß, blau
Holzleim
kleine Schraubzwingen

Schlichte Bettgestelle lassen sich mit filigranen Holzornamenten romantisch aufpeppen. Holzornamente sind in vielen Ausführungen im Holzfachhandel erhältlich. Sie werden aus dünnen Buchenholzblättern in einem Hochdruckverfahren hergestellt und

sind daher relativ preiswert. Das hölzerne Bettgestell, soweit nicht schon farbig gestaltet, mit feinem Schleifpapier leicht anschleifen. Den Schleifstaub mit einem Tuch entfernen.
Dann das Bett sowie die Holzornamente mit Vorstreichfarbe streichen und die Farbe gut trocknen lassen. Das Bett gleichmäßig mit weißer Acrylfarbe – oder einem anderen Farbton Ihrer Wahl – bemalen. Nun streichen Sie die Holzornamente mit blauer Acrylfarbe und lassen die Farbe gut trocknen. Die Ornamente werden mit Holzleim mittig auf das Kopfende geklebt. Fixieren Sie sie dabei am besten zusätzlich mit kleinen Schraubzwingen. Den Holzleim trocknen lassen und die Schraubzwingen entfernen.

Klingende Elfe

■ Material

Transparentpapier
Bleistift
Kohlepapier
Sperrholz
(10 mm stark, 29 x 20 cm)
Laubsäge
feines Schleifpapier
Tuch
Acrylfarbe weiß, gelb, rosa,
orange, bordeauxrot, beige
Pinsel
Filzstift blau, rot
6 Klangstäbe
(4 mm, 6 mm, 8 mm,
12 mm, 14 mm und
16 mm lang)
Nylonfaden
Schere
Tacker
Dekoband rosa, rosa ge-
mustert, grün
gemustert
Drahtstift
Hammer

Ein leichter Windzug
genügt, und diese
Klangelfe beginnt
mit ihrem Spiel.

Dünne, hohle Aluminiumstäbe
hängen an Nylonfäden und er-
zeugen märchenhafte Klänge.
Hängen Sie die Elfe an einem
langen Dekoband an die Decke,
an eine dekorative Wand-
halterung oder vor das Fenster.
Übertragen Sie die Vorlage für
die Elfe auf das Sperrholz (siehe
S. 11) und sägen Sie die Form

mit der Laubsäge aus (siehe
S. 9–10). Runden Sie die Kanten
mit Schleifpapier ab und glätten
Sie die Oberfläche. Den Schleifstaub mit einem Tuch entfernen.
Nun grundieren Sie die Elfe auf
der Vorder- und Rückseite mit
weißer Acrylfarbe und lassen die
Farbe gut trocknen. Bevor Sie
die Figur bemalen, sollten Sie
die Details mit Bleistift vorzeichnen. Sie trägt Schuhe,
ein Trägerkleidchen und ein
gestreiftes Hemd. Dann malen
Sie die Elfe mit Acrylfarbe aus.
Lassen Sie die Farbe trocknen.
Die Augen und der Mund werden mit Filzstiften aufgebracht.
Die Klangstäbe an gleich lange
Nylonfäden binden und
diese mit dem Tacker
auf der Rückseite
der Figur befestigen.
Zur Aufhängung ein
Stück Dekoband mit einem
Drahtstift an der mittleren
Zacke der Krone fixieren.
Zwei Haarschleifen und
ein Halsband aus Deko-
band anbringen.

Stuhl mit Holzornament

■ Material

Holzstuhl
feines Schleifpapier
Tuch
Holzornament
Holzleim
kleine Schraubzwinge
Holzbohrer (3 mm)
Bohrmaschine
passende Holzschraube
Akkuschrauber/
   Schraubenzieher
Vorstreichfarbe
Pinsel
Acrylfarbe hellblau

Eine einfache und schnelle Dekoidee: Holzornament mit Holzleim auf die Stuhllehne aufbringen und das Möbelstück anschließend in der gewünschten Farbe streichen.
Die Oberfläche des Stuhls wird zunächst mit Schleifpapier angeschliffen. Den Schleifstaub mit einem Tuch entfernen. Anschließend kleben Sie das Holzornament mit etwas Holzleim mittig an die obere Stuhlkante. Um einen höheren Anpressdruck zu erreichen, fixieren Sie das Ornament während des Trocknens zusätzlich mit einer kleinen Schraubzwinge.
Für eine ausreichende Stabilität befestigen Sie das Ornament nach dem Trocknen des Leims von hinten mit einer Holzschraube. Bestimmen Sie dazu

die Stärke der Stuhllehne sowie des Ornaments und wählen Sie eine Schraube, die geringfügig kürzer ist. Bohren Sie die Rücklehne an der entsprechenden Stelle mit einem Holzbohrer an und drehen Sie die Schraube vorsichtig ein. Durch das Vorbohren verhindern Sie, dass sich das Holz spaltet.
Dann wird der Stuhl mit Vorstreichfarbe grundiert. Nach dem Trocknen der Farbe streichen Sie ihn mit blauer Acryl-

farbe oder einem anderen Farbton Ihrer Wahl und lassen ihn wiederum gut trocknen.

Tipp: Auch schlichte Regale lassen sich mit dekorativen Holzornamenten veredeln. Die Ornamente aufleimen und während des Trocknens mit Holzzwingen anpressen. Nach dem Trocknen des Leims das Möbelstück zunächst mit Vorstreichfarbe, dann mit Acrylfarbe streichen.

Matrosenbilderrahmen

■ **Material**

Transparentpapier
Bleistift
Kohlepapier
Sperrholz (8 mm stark,
    pro Matrose 34 x 29 cm)
Laubsäge
feines Schleifpapier
Tuch
Hakenleiste aus Holz
Acrylfarbe weiß, gelb, beige,
    blau, bordeauxrot
Pinsel
Filzstift schwarz
Bohrmaschine
Holzbohrer (3 mm)
2 Metallbügel (vom Kleiderbügel)
Dekoband rot gemustert, blau
    gemustert
doppelseitiges Klebeband

An einer Hakenleiste hängen zwei Bilderrahmen der originellen Art: Hinter dem ovalen Ausschnitt im Bauch der Matrosen werden Kinderbilder geklebt. Beide Matrosen haben dieselbe Außenkontur, sie werden nur unterschiedlich bemalt.

Übertragen Sie die Vorlage für die Matrosen auf das Sperrholz (siehe S. 11). Sägen Sie die Formen mit der Laubsäge aus (siehe S. 9–10) und arbeiten Sie die ovale Öffnung ein. Die Kanten mit Schleifpapier abrunden und die Holzoberfläche glätten. Den Schleifstaub mit einem Tuch entfernen.

Nun grundieren Sie die Figuren und die Hakenleiste mit weißer Acrylfarbe und lassen die Farbe gut trocknen. Bevor Sie die Matrosen ausmalen, sollten Sie die Details der Kleidung mit Bleistift vorzeichnen. Dann malen Sie die Hakenleiste blau, die Matrosen bunt an. Die Farbe trocknen lassen. Augen, Nase und Mund mit

einem feinen schwarzen Filzstift aufzeichnen.

Anschließend bohren Sie mit einem Holzbohrer die Löcher für die Metallbügel jeweils senkrecht in die Matrosenmütze vor (ca. 1 cm tief). Den Metallbügel vorsichtig eindrehen. Als Halstuch wird jedem Matrosen ein Stück Dekoband umgebunden. Zum Schluss befestigen Sie die Fotos Ihrer Wahl mit doppelseitigem Klebeband auf der Rückseite der Figuren.

Tipp: Für einen lustigen Spiegelrahmen kleben Sie anstelle des Fotos einen kleinen Spiegel mit doppelseitigem Klebeband auf die Rückseite des Matrosen.

Schäfchenbeleuchtung

■ **Material**

Transparentpapier
Bleistift
Kohlepapier
Sperrholz
    (8 mm stark, 70 x 55 cm)
Laubsäge
feines Schleifpapier
Tuch
Bohrmaschine
Holzbohrer (10 mm)
Acrylfarbe weiß, rosa, beige,
    pink, hellblau
Pinsel
2 Vierkanthölzer
    (je 10 x 4 x 4 cm)
Zylinderbohrer (20 mm)
2 Schrankaufhänger (20 mm)
Hammer
Holzleim
20er Lichterkette

Dekoband orange gemustert
silberfarbenes Glöckchen
2 passende Schrauben
Steinbohrer
Akkuschrauber/
    Schraubenzieher

Dieses Schäfchen leuchtet kleinen Träumern den Weg durch die Nacht. Die vielen Lämpchen zaubern ein märchenhaftes Licht, über eine Gute-Nacht-Geschichte freut sich sein Besitzer aber trotzdem.

Übertragen Sie die Vorlage samt den Markierungen für die Bohrlöcher und die Aufhängung auf das Sperrholz (siehe S. 11) und sägen Sie die Form mit der Laubsäge aus (siehe S. 9–10).

Die Kanten mit Schleifpapier abrunden und die Holzoberfläche glätten.

Anschließend bohren Sie mit einem Holzbohrer an den markierten Stellen die Löcher für die Lämpchen in das Sperrholz. Glätten Sie auch diese Kanten mit Schleifpapier, sodass Holzsplitter restlos entfernt werden. Den Schleifstaub mit einem Tuch entfernen.

Nun grundieren Sie das Schaf mit weißer Acrylfarbe und lassen die Farbe trocknen. Bevor Sie die Figur ausmalen, sollten Sie das Ohr, das Auge, die Mundlinie und das Nasenloch mit Bleistift vorzeichnen. Danach das Schäfchen bunt bemalen und die Farbe gut trocknen lassen.

Für die Aufhängung in die Vierkanthölzer je ein Loch mit dem Zylinderbohrer bohren und mit dem Hammer die Schrankaufhänger einschlagen. Dann die Vierkanthölzer mit Holzleim auf die entsprechenden Markierungen kleben und den Leim trocknen lassen.

Die Lämpchen der Lichterkette von hinten in die Bohrlöcher stecken, gegebenenfalls die Löcher etwas nachbohren. Das Schäfchen mit einem Stück Dekoband und einem silbernen Glöckchen dekorieren und an zwei den Schrankaufhängern entsprechenden Schrauben an der Wand befestigen.

Schubladengriffe Autos

■ **Material**

Transparentpapier
Bleistift
Kohlepapier
Sperrholz (6 mm stark,
   pro Auto 16 x 11 cm)
Laubsäge
feines Schleifpapier
Tuch
Rechteckleiste
   (pro Auto 4 x 2 x 3 cm)
Holzleim
Drahtstifte
Hammer

Eine fröhliche Einrichtungsidee für den Schubladenschrank: bunte Autos als Schubladengriffe für kleine Formel-Eins-Fans. Die Autos werden einfach aus dünnem Sperrholz ausgesägt und mit Acrylfarbe bemalt. Übertragen Sie die Vorlage für die Autos in benötigter Anzahl auf das Sperrholz (siehe S. 11) und sägen Sie die Formen mit der Laubsäge aus (siehe S. 9–10). Runden Sie die Kanten mit Schleifpapier ab und glätten

Nun grundieren Sie die Autos an der Vorder- und Rückseite mit weißer Acrylfarbe und lassen die Farbe trocknen. Bevor Sie mit dem Ausmalen beginnen, sollten Sie die Details mit Bleistift vorzeichnen. Die Autos bunt bemalen und die Farbe trocknen lassen. Die Gesichter der Insassen werden mit Filzstift aufgebracht. Anschließend versiegeln Sie die Autos mit einer Schicht transparentem Acryllack.

Acrylfarbe weiß, gelb, orange,
   hellblau, türkis, bordeauxrot,
   hellgrün
Acryllack transparent
Pinsel
Filzstift schwarz
Schubladenschrank
Bohrmaschine
Holzbohrer (6 mm)
passende Holzschrauben
Akkuschrauber/Schraubenzieher

Sie die Oberflächen. Den Schleifstaub mit einem Tuch entfernen.
Als Abstandhalter wird auf der Rückseite jedes Autos eine Rechteckleiste angebracht. Kleben Sie das Auto mit Holzleim mittig auf das Leistenstück und fixieren Sie es zusätzlich mit einigen Drahtstiften. Lassen Sie den Leim gut trocknen.

Nach dem Trocknen der Farbe befestigen Sie die Griffe mit Schrauben an bereits vorhandenen Bohrlöchern der Schublade, oder Sie bohren mit einem Holzbohrer pro Griff zwei neue Löcher.
Die Schrauben werden von hinten durch die Schubladenfront in die Rechteckleisten geschraubt.

Elfenlampe

▪ Material

Transparentpapier
Bleistift
Kohlepapier
Sperrholz
   (8 mm stark, 26 x 19 cm)
Laubsäge
feines Schleifpapier

Tuch
Acrylfarbe weiß, beige, rosa,
   gelb, türkis, bordeauxrot
Pinsel
Filzstift schwarz, rot, blau
Dekoband orange
Zweikomponenten-Kleber
Nachttischlampe

Diese kleine Elfe veredelt den Lampenfuß einer schlichten Nachttischlampe. Wer weiß, vielleicht vermag sie süße Träume herbeizuzaubern? Übertragen Sie die Vorlage für die Figur auf das Sperrholz (siehe S. 11) und sägen Sie die Form mit der Laubsäge aus (siehe S. 9–10). Runden Sie die Kanten mit Schleifpapier ab und glätten Sie die Oberfläche. Den Schleifstaub mit einem Tuch entfernen.

Dann grundieren Sie die Elfe auf der Vorder- und Rückseite mit weißer Acrylfarbe und lassen die Farbe gut trocknen. Bevor Sie die Figur bemalen, sollten Sie ihre Details mit Bleistift vorzeichnen. Sie trägt Schuhe, ein Trägerkleidchen und ein kariertes Hemd. Nun malen Sie die Elfe mit Acrylfarbe aus und lassen die Farbe wiederum gut trocknen.

Augen, Nase und Mund werden mit Filzstiften aufgebracht. Als Haarschleifen binden Sie der Elfe zwei Dekobandstücke um die Zöpfe.

Zum Schluss rühren Sie den Zweikomponenten-Kleber gemäß den Herstellerangaben an und befestigen die Figur damit an dem Lampenfuß.

Nachttischlampe

■ Material

Servietten mit kindgerechten
    Motiven (Tiere, Bäume,
    Häuser, Zierbordüre)
Schere
Nachttischlampe mit
    hellem Stoffschirm
Transferlack für Textilien
Pinsel

Verwandeln Sie den Schirm
einer schlichten Nachttischlampe doch einmal in ein
leuchtendes Bilderbuch.
Serviettenmotive verschie-
denster Art werden mit einem
Speziallack rund um den Lam-
penschirm aufgebracht und
machen diesen von jeder Seite
zu einem bunten Blickfang.
Verwenden Sie für dieses Modell
am besten einen hellen Lam-
penschirm, da sich das Ser-
viettenmotiv sonst nur schlecht
absetzt.
Schneiden Sie zunächst die gewählten Motive mit der Schere
exakt aus und entfernen Sie die
unteren beiden Papierlagen.
Dann wird der textile Lampen-
schirm an der entsprechenden
Stelle mit Transferlack grundiert. Platzieren Sie das Ser-
viettenmotiv vorsichtig auf
der grundierten Fläche und

streichen Sie das Papier mit
den Fingern oder einem trockenen Pinsel von der Mitte zum
Rand hin glatt. Das Motiv gut
trocknen lassen.
So verfahren, bis der gesamte
Schirm dekoriert ist. Der obere
und untere Rand wird jeweils

mit einer Zierbordüre eingefasst.
Abstehende Ränder nachträglich mit etwas Transferlack versehen und andrücken. Nach dem
Trocknen werden die Motive
noch einmal mit einer dünnen
Schicht Transferlack bestrichen.

Bärchenwandfries

◼ Material

lufttrocknende Modelliermasse
Flasche/Nudelholz
Lineal
Ausstechform Teddy
Messer
feines Schleifpapier
Acrylfarbe gelb, orange, pink,
    hellblau, hellgrün
Pinsel
Filzstift schwarz
doppelseitiges Klebeband

Diese Bärchen stehen im Kinderzimmer Spalier. Mit kräftigen
und leuchtenden Farben bemalt, setzen sie auf der mono-
chromen Wandgestaltung hübsche Akzente. Damit alle Figuren
auch gleichmäßig gestaltet sind,
wird eine Ausstechform verwendet. Diese finden Sie in allen
gut sortierten Haushaltswaren-
geschäften.
Kneten Sie die Modelliermasse
zunächst gut durch, bis sie

weich und gut formbar ist. Dann
wird die Masse mit der Flasche
oder dem Nudelholz zu einer
1 cm starken Platte ausgewalzt.
Stechen Sie die Bären mit der
Form beliebig oft aus und lassen
Sie die Figuren an einem war-
men Ort mehrere Tage trocknen.
Anschließend die Überstände
mit dem Messer entfernen und
die rauen Schnittränder mit
Schleifpapier glätten. Nun werden die Bären nach Belieben
mit Acrylfarbe bemalt. Feine
Linien wie Augen, Nase und
Schnauze zeichnen Sie mit
einem schwarzen Filzstift auf.
Befestigen Sie die Bären mit
doppelseitigem Klebeband als
Fries an der Wand. So lassen sie
sich jederzeit wieder entfernen.

> **Tipp:** Auch Kinder können
> sich bei der Bemalung der
> Bären beteiligen. Dazu die
> auf Kaseinbasis hergestellte
> Plakafarbe verwenden.

Betthimmel mit Gardinen

■ Material

Transparentpapier
Bleistift
Kohlepapier
2 x Leimholz (Fichte, 18 mm
    stark; je 40 x 30 cm)
Sperrholz (10 mm stark,
    39 x 28 cm)
Stich-/Laubsäge
feines Schleifpapier
Holzleim
Bohrmaschine
Holzbohrer (10 mm, 4 mm)
passende Holzschrauben
Akkuschrauber/
    Schraubenzieher
Maßband
Seiden-/Zeitungspapier
Schere
Baumwollstoff weiß-rosa kariert
    (100 x 90 cm)
Schneiderkreide
Volumenvlies (80 x 40 cm)
Nähgarn rot
Nähnadel
Tacker
2 x Brokatborte gold-rosa
    (je 80 cm lang)
Textilkleber
2 Gardinen in passender Größe
Heftfaden
2 passende Schrauben
Steinbohrer

Himmlisch schlafen und träumen kann die kleine Besitzerin dieses stoffbezogenen Betthimmels. Lange Gardinen schaffen eine romantische Atmosphäre, eine edle Brokatborte sorgt für Glanzpunkte.

Übertragen Sie die Vorlage für den Halbkreis zweimal auf das Leimholz (siehe S. 11) und sägen Sie die Formen mit einer Stich- oder Laubsäge aus (siehe S. 9–10). Die Kanten werden mit Schleifpapier geglättet. Jetzt kleben Sie die Halbkreise mit Holzleim jeweils im rechten Winkel entlang dem oberen und unteren Rand auf die Sperrholzplatte und fixieren sie zusätzlich mit einigen Holzschrauben. Dafür zunächst an den entsprechenden Stellen mit einem Holzbohrer (4 mm) Löcher vorbohren. Anschließend bohren Sie für die Aufhängung mit einem Holzbohrer (10 mm) im Abstand von 20 cm und 6 cm vom oberen Rand entfernt zwei Löcher in die Rückseite der Sperrholzplatte. Nun entsprechend den Form- und Maßangaben der Skizze die Form für den Stoffbezug aus Seiden- oder Zeitungspapier herstellen. Den Stoff am Stoffbruch doppelt legen, die Form übertragen und ausschneiden, dabei eine Nahtzugabe von 2 cm dazurechnen. Die Vorlage auf Volumenvlies übertragen und die Form einmal und ohne Nahtzugabe zuschneiden. Das Vlies wird auf die linke Seite des Bezugvorderteils aufgebügelt.

Dann den Bezugstoff rechts auf rechts legen und an den offenen Seiten zusammennähen, dabei an einer Schmalseite eine Öffnung von 15 cm zum Wenden stehen lassen. Den Saum zurückschneiden und an allen Spitzen bis knapp an die Naht einschneiden. Bügeln Sie nun die Naht auseinander und wenden Sie den Stoff. Die Öffnung wird von Hand geschlossen. Spannen Sie die Stoffblende um das Holzgerüst. Schlagen Sie den Überstand an den Seiten um und tackern Sie ihn auf der Rückwand fest. Den oberen und unteren Rand der Blende ebenfalls auf das Holz tackern.

Die Brokatborte bringen Sie mit Textilkleber an den Betthimmelrändern an. So verdecken Sie auch die Metallklammern. Den Gardinenstoff am oberen Rand mit einem Heftfaden kräuseln. Danach tackern Sie die Gardinen an die Innenseite des Betthimmels.

Der fertige Betthimmel wird an Schrauben an der Wand befestigt.

Bunte Uhr

■ Material
runde Spanschachtel
Bohrmaschine
Holzbohrer in passender Größe
Acrylfarbe weiß, bordeauxrot
Pinsel
Servietten mit fröhlichen
   Motiven
Bleistift
Lineal
Schere
Transferlack
2 Holzkugeln (ø 2,5 cm)
Heißkleber
Uhrwerk

Welche Stunde hat es geschlagen? Mit dieser originellen Uhr weiß man immer, wie spät es ist. Mit ganz einfachen Mitteln lässt sich dieses nützliche Objekt wunderhübsch selbst gestalten. Anstelle einer Spanschachtel kann auch eine Schachtel aus Pappe verwendet werden.

Zunächst bohren Sie mit einem Holzbohrer in der passenden Größe mittig ein Loch in den Deckel. Hier wird später das Uhrwerk hineinmontiert. Anschließend grundieren Sie Deckel und Unterteil der Schachtel mit weißer Acrylfarbe. Die Farbe gut trocknen lassen. Nun übertragen Sie die Maße des Deckels an der gewählten Stelle auf die Serviette. Schneiden Sie die Form mit einer Zugabe von 2 cm aus und entfernen Sie die unteren beiden Papierlagen. Für das Unterteil der Schachtel ebenfalls Maß nehmen und eine weitere Serviette passend zuschneiden. Bestreichen Sie die Deckeloberseite gleichmäßig mit einer dünnen Schicht Transferlack und

legen Sie das Serviettenpapier auf. Das Papier wird mit den Fingern oder einem trockenen Pinsel von der Mitte zum Rand hin glatt gestrichen. Das Motiv gut trocknen lassen. Mit dem Unterteil der Schachtel verfahren Sie ebenso. Den Überstand an den Schachtelrändern schneiden Sie mit der Schere ab. Die Holzkugeln mit bordeauxroter Acrylfarbe bemalen. Nach dem Trocknen der Farbe werden die Kugeln als Füße mit Heißkleber am Deckelrand angebracht.
Danach versiegeln Sie die gesamte Schachtel mit einer dünnen Schicht Transferlack. Lassen Sie den Lack gut trocknen und montieren Sie das Uhrwerk an den Deckel.

Raffrollo

■ **Material**

Transparentpapier
Bleistift
Kohlepapier
Fotokarton
Cutter
schnittfeste Unterlage
Raffrollo weiß
Textilmalstifte schwarz, gelb,
    orange, rot, bordeauxrot,
    violett, rosa, hellgrün, türkis

Wenn Ihr Kind für afrikanische Tiere schwärmt und die Wochenenden am liebsten im Zoo verbringt, dann ist dieses Rollo genau der richtige Einrichtungsgegenstand.
Vor dem Bemalen sollten Sie das Rollo zunächst im Schonwaschgang waschen, damit die Appretur entfernt wird. Bügeln Sie das Rollo nach dem Trocknen und legen Sie es faltenfrei auf einem großen Tisch aus.

Übertragen Sie die Tiervorlagen auf Fotokarton (siehe S. 11) und schneiden Sie die Formen mit dem Cutter aus. Mit diesen Schablonen lassen sich die Tiere nun beliebig oft vervielfältigen. Die äußere Kontur der Tiere an den gewünschten Stellen mit schwarzem Textilmalstift auf das Rollo übertragen. Die Tiere sollten gleichmäßig über die gesamte Stofffläche verteilt sein. Die Details im Inneren der Figuren zeichnen Sie am besten mit Bleistift vor, danach ziehen Sie die Linien mit schwarzem Textilmalstift nach.
Anschließend werden die Tiere ausgemalt, hierfür die dicken Spitzen der Stifte verwenden. Textilfarben trocknen meist innerhalb weniger Stunden. Sie sind nach einigen Tagen waschfest oder müssen durch Bügeln fixiert werden; achten Sie auf die Herstellerangaben.

Textilmalstifte sollten am besten liegend gelagert werden, so bleiben sie länger verwendbar.

Tipp: Sie können die Tiere auch mit Schablonierfarben auf die Kinderzimmerwände aufbringen. Besonders hübsch wirken die Figuren als Wandbordüre. Stellen Sie Schablonen aus Fotokarton her und malen Sie die Formen in beliebiger Anordnung aus.

Messlatte

■ **Material**

Transparentpapier
Bleistift
Kohlepapier
Fotokarton
Cutter
schnittfeste Unterlage
Kreppband
Acrylfarbe weiß, schwarz
Pinsel
Zollstock
Filzstift schwarz

Für Hundeliebhaber: Dieser schwarz gefleckte Zimmerkamerad ist nicht nur eine originelle Wanddekoration – er teilt seinem Besitzer auch mit, wie groß er schon geworden ist.

Übertragen Sie die Vorlage für den Dalmatiner auf Fotokarton (siehe S. 11) und schneiden Sie die Form mit dem Cutter aus. Mit der entstandenen Schablone wird das Motiv auf die Wand aufgebracht, die inneren Details – Punkte, Gesicht, Beine – werden nach dem Ausmalen frei Hand aufgezeichnet.

Befestigen Sie die Schablone nun mit einigen Streifen Kreppband in passender Höhe an der Wand und ziehen Sie den Umriss mit dem Bleistift nach. Anschließend entfernen Sie die Schablone und malen die Form mit weißer Acrylfarbe gleichmäßig deckend aus. Lassen Sie die Farbe gut trocknen.

Die Punkte sowie die Gesichts- und Beinkonturen zunächst mit Bleistift aufzeichnen und dann mit schwarzer Acrylfarbe ausfüllen bzw. nachziehen. Die Farbe wiederum trocknen lassen.

Für die Messlatte halten Sie einen Zollstock senkrecht auf die Tiersilhouette und markieren die Mittelachse sowie die Zentimeterabstufungen mit dem Bleistift. Die Markierungen mit schwarzem Filzstift nachzeichnen.

Spiegelrahmen

■ **Material**

alter Spiegelrahmen aus Holz
feines Schleifpapier
Tuch
Kreppband
Vorstreichfarbe
Pinsel
Acrylfarbe weiß
Servietten mit bunten Motiven
Schere
Transferlack

Alter Spiegel in neuem Gewand:
Mit fröhlichen, kindgerechten
Serviettenmotiven wird ein
schlichter Spiegel zum dekorativen Blickfang.
Schleifen Sie die Holzoberfäche
des Rahmens vor dem Bema-
len mit feinem Schleifpapier
etwas an, so verbessert sich
die Haftung der Farbe. Den
Schleifstaub mit einem Tuch
entfernen.
Dann kleben Sie den Spiegel
mit Kreppband ab. Bei unbe-

handeltem Holz empfiehlt sich
zunächst das Auftragen von
Vorstreichfarbe. Danach streichen Sie den Rahmen gleichmäßig deckend mit weißer
Acrylfarbe. Jede Farbschicht gut
trocknen lassen.
Schneiden Sie die gewählten
Motive aus den Servietten aus
und entfernen Sie jeweils die
beiden unteren Papierlagen.
Arrangieren Sie die Motive
zunächst probeweise auf dem
Rahmen. Wenn Sie mit der

Gestaltung zufrieden sind,
werden die Ausschnitte nacheinander auf dem Untergrund
fixiert.
Dazu tragen Sie mit dem Pinsel
eine dünne Schicht Transferlack
auf die entsprechende Stelle
auf und legen das Motiv auf.
Das Papier wird mit einem
trockenen Pinsel oder mit den
Fingern glatt gestrichen. Nach
dem Trocknen die Motive mit
einer dünnen Schicht Transferlack versiegeln.

Schubladengriffe Bären

■ Material

Modelliermasse in verschiede-
    nen Farbtönen (Fimo)
Flasche
Lineal
Messer
Ausstechform Teddy
Backpapier
Backofenthermometer
Zweikomponenten-Kleber
Rechteckleiste
    (pro Bär 4 x 2 x 5 cm)
Schubladenschrank
Bohrmaschine
Holzbohrer (6 mm)
passende Holzschrauben
Akkuschrauber/Schraubenzieher

Suchen Sie witzige Griffe für
einen schlichten Schubladenschrank im Kinderzimmer?
Wie wäre es mit Bären in bunten Farben? Dank leicht zu ver-
arbeitender Modelliermasse ist
diese Gestaltungsidee schnell
und einfach zu realisieren.

Für jeden Bären benöti-
gen Sie Modelliermasse
in verschiedenen
Farben, die durch
eine spezielle Tech-
nik miteinander
vermischt werden.
Kneten Sie zunächst
die Masse in den
gewünschten Farben
jeweils gut durch, bis sie weich
und leicht formbar ist. Dann die

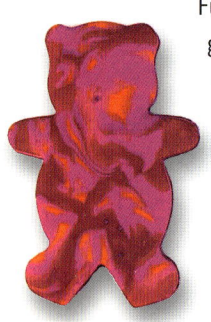

Masse in der ersten Farbe mit
der Flasche zu einer 2 mm
dicken Platte auswalzen.

Schneiden Sie von jeder
weiteren gewünsch-
ten Farbe einen
dünnen Strang ab
und formen Sie
daraus eine dün-
ne Rolle. Diese Rol-
le auf die ausgeroll-
te Platte legen und
damit umwickeln.
Danach das Ganze
1 cm dick ausrollen, die un-
regelmäßigen Ränder abschneiden und die ausgerollte Farb-
mischung mit einem Messer in
vier gleich lange Rechtecke
teilen. Diese zu einem
gemusterten Strang
zusammenrollen.
Jetzt wird eine wei-
tere Farbe eingear-
beitet. Diese zu einer
2 mm dicken Platte
ausrollen und den ge-
musterten Strang da-
mit umwickeln. Die ent-
standene Rolle 1 cm dick
ausrollen und die unregel-
mäßigen Ränder mit dem Messer abschneiden. Die Platte in
1 cm große Stücke schneiden
und diese zu einem Rechteck
legen. Die einzelnen Stücke dabei leicht aneinander drücken.
Das Ganze wird auf eine Stärke
von 8 mm ausgerollt.

Stechen Sie mit der Ausstechform den ersten Bären aus und
legen Sie diesen auf einer ge-
raden Unterlage auf ein Stück
Backpapier. Die Mischtechnik
mit anderen Farben beliebig oft
wiederholen, bis die Bären in
der gewünschten Anzahl fertig
gestellt sind. Den Backofen
gemäß den Herstellerangaben
vorheizen. Nach 20 bis 30 Minuten sind die Modelle aus-
gehärtet und können im aus-
geschalteten und geöffneten
Backofen abkühlen. Während
des Aushärtens die Temperatur
mit einem Backofenthermo-
meter kontrollieren.
Zur Anbringung der Motive an
den Schubladenschrank
rühren Sie zunächst den
Zweikomponenten-
Kleber gemäß den
Herstellerangaben
an und befestigen
damit an der Rückseite
jeder Bärenfigur senk-
recht ein Stück Recht-
eckleiste.
Anschließend markieren Sie
in der Mitte der Schubladenfronten jeweils zwei Punkte,
die im Abstand von 3 cm über-
einander liegen, und bohren
dort mit einem Holzbohrer
Löcher vor.
Jeder Schubladengriff wird von
innen mit zwei Holzschrauben
fixiert.

Danksagung

Für ihre tatkräftige Unterstützung bei der Realisation dieses Buches danke ich Dorthia Ehlers und Lena Halfpap.

Bezugsquellen

Servietten:

IHR
Brookdamm 3
49632 Oldenburg

Deko- und Bastelmaterial:

Rayher Hobbykunst
Postfach 14 62
88464 Laupheim

Knorr Hobby
Bamberger Straße 21
96215 Lichtenfels

Holzaccessoires:

Max Liebich GmbH
Postfach 1251
94202 Regen

Modelliermasse:

Eberhard Faber
EFA-Straße 1
92318 Neumarkt

Möbel:

Car Selbstbaumöbel
Ellerbrookskamp 2
22397 Hamburg

Stoffe:

Osborne & Little
49 Temperley Road
London SW 12 8QE

Ikea
Wunderbrunnen 1
22457 Hamburg

*Gardinenstange für Schlaufen-
vorhänge:*

Impressionen Versand GmbH
Strandbaddamm 4
22877 Wedel

Bibliografische Information Der Deutschen Bibliothek
Die Deutsche Bibliothek verzeichnet diese Publikation in der Deutschen Nationalbibliografie; detaillierte bibliografische Daten sind im Internet über http://dnb.ddb.de abrufbar.

Urania Verlag in der
Verlagsgruppe Dornier GmbH
Postfach 80 06 69, 70506 Stuttgart

www.verlagsgruppe-dornier.de
www.urania-verlag.de

Umschlaggestaltung: Behrend & Buchholz, Hamburg
Fotos: Markus Hertrich, Hamburg
Modelle: Susanne Helmold
Produktionsassistenz: Dorthia Ehlers
Zeichnungen Vorlagenbogen: Martin Schulze, Berlin
Lektorat: Berliner Buchwerkstatt, Ivana Jokl
Gestaltung und Layout: Berliner Buchwerkstatt, Britta Dieterle
Printed in Germany

ISBN 3-332-01403-X